Monika Neusser

„Cold in the City"

40 Geschichten aus dem wahren Leben

FÜR ALLE,
DIE DAS LEBEN MIT HUMOR NEHMEN!

Impressum

© 2011 Monika Neusser

Umschlaggestaltung, Herstellung und Verlag: Books on Demand GmbH,
Norderstedt

ISBN: 978-3-8391-5349-9

Bibliografische Information Der Deutschen Bibliothek:

Die Deutsche Bibliothek verzeichnet diese Publikation in der Deutschen
Nationalbibliografie; detaillierte bibliografische Daten sind im Internet über
http://dnb.ddb.de abrufbar.

Inhaltsverzeichnis

Prolog

Dieses Buch möchte ich meinem lieben Papa widmen, der im Sommer 2010 nach langer schwerer Krankheit verstorben ist. Selbst in den letzten Wochen seines Lebens hat er immer wieder mit uns Witze gemacht und seinen Humor zumindest nach außen hin nicht verloren. Einige dieser Geschichten hat er vorab gelesen und er wäre stolz gewesen, dass ich nun schon mein zweites Buch geschrieben habe.

Ich möchte auch unseres Gartenfreundes Bernd gedenken, der 2009 leider viel zu früh verstorben ist und mir einige Geschichten für dieses Buch erzählt hat und gerne über einen guten Schmäh gelacht hat.

Ganz besonders gerne denken wir auch an unseren verstorbenen Freund Heinz, der schon Lieferant für witzige Geschichten im ersten Buch war. Er war ein richtiger Freund und sein Humor und seine Geselligkeit sind für uns unvergesslich.

Hören wir nicht auf über unsere Lieben zu sprechen, ihren Humor weiter zu pflegen und ihre Lieder, Schmähs und Anekdoten weiterzuerzählen.

Danke an meinen lieben Mann, der die wunderbaren Zeichnungen zu den einzelnen Geschichten gemacht hat und ein besonders liebevolles Farbenspiel für das Buchcover gemalt hat.

Danke an alle, die mich ermuntert haben weiter zu schreiben und mir durch positive Rückmeldungen auf mein erstes Buch „Hot in the City" Selbstbewusstsein gegeben haben, die von euch und mir gelebten wahren Geschichten aufzuschreiben.

Langfinger

Bernd war Filialleiter im Konsum. Er als „gstandenes" Mannsbild war der Herrscher seines Kaufmarktes. Nichts entging seinem kritischen Auge und er wurde respektvoll von seinen Mitarbeitern behandelt. Damals wie heute machten sich immer wieder Langfinger auch in seiner Filiale ans Werk. Unzählige Male konnte er gemeinsam mit der Polizei größere und kleinere Delikte abhandeln.

Eines Tages geht Bernd so durch die Gänge und kontrolliert die Sauberkeit der Böden. Da fällt ihm auf, dass sich kleine, rote, flüssige Punkte am Boden abzeichnen. Er verfolgt die Spur und denkt zuerst an ein kaputtes Glas roter Rüben, oder dergleichen, da steht eine Frau mit einem weiten langen Rock an der Kassa und unter ihr tropft es. Die Frau sichtlich nervös und leicht zappelnd fühlt sich in ihrer Haut nicht wohl. Bernd geht zu ihr hin und denkt sich, die arme Frau hat sicher ein sogenanntes Frauenproblem und braucht Hilfe.

Er fragt ganz höflich: „Gnädige Frau kann ich ihnen irgendwie helfen, brauchen sie vielleicht einen Arzt?" Die Frau erschrickt fast zu Tode, und anschließend ist Bernd einfach fassungslos. Zwischen den Beinen fällt ein verpackter CD-Player zu Boden,

den die nette Frau mitgehen lassen wollte, aber die Haut an ihren Beinen aufgescheuert hat.

Unpässlich

Herr Mag.Dr.Hausner ist ein Topmanager, immer ehrgeizig, streng, klug und korrekt. Eine Freude für jeden Vorgesetzten, aber ein Horror für mich. Ich mag diese aufgesetzte Freundlichkeit, dieses geschulte Small-Talk-Geschwätz, diese beinharten Vorgangsweisen bei anstehenden Entscheidungen nicht. Aber das ist o.k. ICH bin ein Weichei und ER macht Karriere. Ich gönne es ihm. Er interessiert mich weder als Kollege noch als Mann.

Ich gehe am Tag zigmal an seinem etwas abseits gelegenen Büro vorbei und eines Tages, ich war schon an seiner Bürotüre vorbei, hat mich im Augenwinkel etwas gestört und ich gehe zurück. Da liegt er! Mein allerliebster Kollege Hr.Hausner, ohnmächtig und willenlos. Ich muss zugeben nur für eine Zehntelsekunde hatte ich gemeine Gedanken, aber dann siegte doch meine soziale Kompetenz, wie es in unserem Unternehmen so schön heißt. Ich legte ihn auf die Seite, versuchte ihn wach zu bekommen, rief die hauseigene Sanität an und hielt seine Hand und beruhigte ihn nach dem Aufwachen. Zu einer Mund zu Mund-Beatmung konnte ich mich einfach nicht durchringen. Ich redete auf ihn ein wie eine Mutter zu ihrem Kind. Die Krankenschwester war nach wenigen Minuten vor Ort und hat mich gelobt, dass ich alles richtig gemacht habe, es war eine Kreislaufsschwäche, die Gott sei Dank bald wieder überwunden war.

Aber meine Abneigung hält bis heute an, er hat sich niemals für meine damalige Rettung bedankt.

Pudelwohl

Frau Hilde geht mit ihrem Pudel durch den winterlichen Stadtpark. Der Pudel tollt ohne Beißkorb und Leine auf der verschneiten Wiese herum und setzt sich dann gemütlich hin, um sein großes Geschäft zu verrichten. Frau Hilde ist eine sehr resolute Dame und auch ihr Erscheinungsbild ist ein Mächtiges. Trotzdem wagt es Herr Polizeiinspektor Leitner zu ihr hinzugehen und energisch darauf aufmerksam zu machen, dass der Hund in Parkanlagen an der Leine zu führen ist.

Der Hund beendet sein Geschäft, Frau Hilde ignoriert vorerst den Polizisten, benützt vorschriftsmäßig das „Sackerl fürs Gackerl" und dreht sich dann mit ihrer ganzen 120-Kilo-Pracht dem Polizisten zu und sagt: „Können sie scheißen, wenn sie angehängt sind?"

Polizeiinspektor Leitner hat diese Frage nicht beantwortet und ist stillschweigend abgetreten.

Viele rote Punkte

Senioren-Tennisturnier in Mallorca, der Amateure wohlgemerkt, das heißt auch ich als Hobbyspieler darf mitspielen und möchte natürlich den ganzen Komfort des wirklich tollen Spielerhotels genießen. Ich melde mich gleich zu zwei Massageterminen an und nach meinem ersten Spiel habe ich es auch dringend nötig, mir meine verspannten Muskeln wieder geradebiegen zu lassen. Was sich hier Amateur nennt, ist in meinen Augen bereits ein halber Profi, aber bitte …….

Ich liege so am Tisch und die nette Masseurin ölt mich ein und knetet und knetet ganz wunderbar an mir herum. Meine Freundin Maria sagt immer, dass sie manchmal ihre Masseurin am liebsten heiraten würde, so gut tut das. Am dritten Tag, ich bin schon längst aus dem Turnier geflogen, habe ich den nächsten Termin und es tut wiederum gut, sich einfach durchmassieren und mit dem herrlich duftenden Öl einreiben zu lassen.

Abends nach dem Duschen fallen mir die ersten roten Flecken am Hals auf. Vor dem Schlafengehen mehren sich die Flecken und erstrecken sich über den halben Rücken. In der Früh ist mein erster Weg zur Masseurin. Ich weiß, dass meine Haut sehr empfindlich ist und lasse mir deshalb das Massageöl zeigen, frage welchen Dreck sie denn hier verwendet. Ich zeige ihr meine Flecken, sie faselt etwas von Naturprodukt und von noch nie ein Problem gehabt, ... Ich bin sauer und lasse sie einfach stehen.

Natürlich erzähle ich überall was die hier für miese Produkte verwenden und zeige überall meine Flecken. Schnell besorgte Salben brachten überhaupt keine Linderung und ich bin sogleich nach dieser Tenniswoche zu meinem Hausarzt gegangen.

Er diagnostizierte Masern, obwohl ich bereits das stattliche Alter von 45 Jahren erreicht habe.

Ich bitte hier aus der Ferne die Masseurin vielmals um Entschuldigung und werde niemals wieder voreilige Schlüsse ziehen!

Rapid ist meine Religion!

Werner ist schwer verliebt in Gabi, doch sie hat mit einer Nebenbuhlerin hart zu kämpfen. Werner ist Superfan vom SK Rapid und ist bei jedem Heimspiel dabei und begleitet seinen Verein auch bei jedem Auswärtsspiel. Das heißt die Wochenenden kann man eigentlich als nicht so sportfanatische Frau vergessen. Gelegentlich lässt sie bei Werner ihren Unmut anklingen, oder fragt, ob man nicht dies und das gemeinsam unternehmen könnte. Sie schlägt auch vor, eventuell am Wochenende ein gemeinsames Hobby zu beginnen und Werner ist damit einverstanden und kündigt die Überraschung für das kommende Weihnachtsfest an. Gabi ist schon jetzt hocherfreut und gespannt, was ihr geliebter Werner sich ausgedacht hat.

Sie nimmt das Geburtstagspackerl in die Hand, öffnet die liebevoll gebundene Schleife und das kleine Schachterl und drinnen liegt: EIN JAHRESABO FÜR ALLE SPIELE DES SK-RAPID.

Ich unterstelle Werner wirklich keine Boshaftigkeit, aber seine Blödheit hat ihm die Beziehung zu Gabi gekostet.

Killerspaniel

Es ist zwar ein altes Klischee, aber es ist nun mal eines der vielen unerklärlichen Dinge im Leben: die meisten Hunde hassen Briefträger! Cindy ist die dreijährige schwarze Spanielhündin von Familie Wittmann und wird von der ganzen Familie geliebt. Sie ist folgsam und lieb zu den Kindern, die ja nicht immer sehr zart mit Tieren umgehen. Cindy ist insgesamt ein Hund, den man einfach nur lieb haben kann.

Doch an Wochentagen zwischen 10 und 11 Uhr lauert sie bereits im Vorzimmer auf das heranfahrende Moped des Briefträgers. Der Briefkasten befindet sich außerhalb des zum Wohnhaus gehörenden Gartens. Sie bellt unaufhörlich bis das Moped wieder außer Hörweite ist. Eines Tages jedoch musste der Briefträger beim Gartentor läuten, da er einen Einschreibebrief abzuliefern hatte und die Unterschrift des Empfängers benötigte. Cindy verstärkte ihr Gebell und ging in ein leichtes Zähnefletschen über. Frau Wittmann öffnete die automatische Gartentüre und der Briefträger kommt zur Eingangstüre aus Glas. Sie schiebt Cindy leicht zur Seite und geht Richtung Glastüre, wo sich schon die Umrisse des Postboten abzeichnen. In diesem Moment geht Cindy ein paar

Schritte zurück, nimmt Anlauf und springt mit einem Satz durch die Glastüre.

Der Postbote erlitt außer einer Bisswunde einen Riesenschock und musste gelabt werden, Frau Wittmann konnte minutenlang kein Wort sprechen und Cindy genoss den Angriff unverletzt.

Was Rex im Fernsehen unter großem Tam Tam gezeigt hat, hatte Cindy längst im kleinen Finger, äh, in der kleinen Pfote.

Prosit Neujahr

Ernst und Heidi schmeißen eine tolle Silvesterparty. Der Sekt fließt in Strömen und mit dem Buffet hat sich Heidi selbst übertroffen. Die Stimmung ist ausgelassen und kurz vor Mitternacht gehen alle in den Garten, um das vorbereitete Feuerwerk abzuschießen. Es ist eine Pracht wie die Lichter in den Nachthimmel geschossen werden und alle Gäste sind beeindruckt. Plötzlich schlägt eine Rakete einen Haken und landet im ca. 10 Meter hohen Tannenbaum des Nachbarn, der Gott sei Dank auf Urlaub ist. Langsam aber doch beginnt der Baum zu brennen, aber merkwürdigerweise nur ganz leicht und nur innen.

Die Hand bereits am Telefonhörer überlegt es sich Ernst doch noch mal und lässt den brennenden Baum nicht aus den Augen. Irgendetwas, es muss die Baumfee gewesen sein, sagt ihm, lass es! Plötzlich erlischt das Feuer im Baum und alle kehren beruhigt ins Haus zurück. In der nächsten Nacht beginnt starker Schneefall und als die Nachbarn eine Woche später vom Urlaub nach Hause kommen, liegt eine dicke Schneedecke auf den Bäumen. Im darauffolgenden Sommer haben sich alle gewundert wie wunderschön der Baum heuer dasteht und wie viele neue Triebe er bekommen hat.

Die Nachbarn haben niemals das Geheimnis der Silvester-Düngung erfahren.

Amors Schüsse

Gernot, ein sympatischer Tennisbekannter, ist mehr oder weniger glücklich verheiratet und hat mehr oder weniger immer nebenbei etwas am laufen. Er ist ein typischer Mittvierziger, sportlich, fesch und grundsätzlich scharf auf junge Mädels. So geht er mit seiner neuen Flamme im Lainzer Tiergarten spazieren und turtelt verliebt und unbeschwert mit seiner Eroberung herum.

Plötzlich stürzt aus dem Gebüsch ein offenbar geistesgestörter Mann hervor, der ein Gewehr in der Hand hält und beginnt wild in der Gegend herumzuschiessen. Gernot wird ins Knie getroffen, seine geschockte Flamme kann nur zitternd den Notruf wählen. Der Gewehrschütze verschwindet ebenso schnell wieder, wie er gekommen ist. Die alarmierte Polizei konnte den irren Schützen dennoch stellen und die Rettung brachte Gernot ins nächste Krankenhaus.

Seine hocherfreute Gattin verzieh den Fehltritt (wird ihm teuer gekommen sein) und von nun an hieß er für uns nur noch „da Kniaschüssler."

Die hohe Kunst der Diplomatie

Wir sind in unserem Traumhotel gelandet. Ein Viersterneschuppen mitten im schönen Österreich. Das Zimmer ist perfekt, die Aussicht auf den See perfekt, das Wetter ist wunderschön und wir freuen uns auf das Abendessen. Wir nehmen einen Tisch am Fenster und warten gespannt auf den Kellner mit der Speisekarte. Es vergehen für ein Viersternehaus zu viele Minuten, aber wir sind im Urlaub und tolerieren diese Verzögerung und lesen die Speisekarte. Wir haben den Eindruck, dass die offenbar etwas nervösen, gestressten Kellner gerade unseren Tisch einfach ignorieren. Sobald sich einer in der 3-Meter-Zone rund um unseren Tisch befindet und wir die Hand heben, verschwindet der Kellner für die nächsten 10 Minuten. Jetzt steigt leichte Nervosität bei uns auf. Da ich meinen Mann kenne, der sehr geduldig sein kann, aber wenn das Maß voll ist, einfach unberechenbar wird, ergreife ich die Initiative und sage „Du, ich gehe jetzt raus und beschwere mich beim Geschäftsführer." Darauf seine Antwort, mit der ich nicht gerechnet habe: „Nein, nein, du machst das nicht diplomatisch, lass das lieber mich machen." Nach weiteren kellnerlosen 10 Minuten, ich kramte gerade in meiner Handtasche und war total unvorbereitet für folgende Szene:

Mein Mann steht auf, der Sessel fällt um und er brüllt durch das ganze, wohlgemerkt vollbesetzte, Haubenlokal: „Wenn nicht sofort ein Kellner zu unserem Tisch kommt, könnts ihr Trotteln was erleben. Es ist eine Frechheit wie man von euch Vollkoffern hier behandelt wird."

Ich saß mit dem Rücken zum offenen Lokal und spürte 1000 Blicke auf mich gerichtet. Ich wollte einfach nur versinken. Die denken sicher alle, die arme Frau, die wird von dem Proleten sicher auch geschlagen. Ich starrte meinen Mann wortlos an und in der nächsten Sekunde war ein Kellner zur Stelle. Es war noch nicht vorbei: Mein Mann brüllte weiter: „Ist es ihnen jetzt genehm, wenn wir bestellen?" Ich denke nur, das reicht jetzt und sende einen flehenden Blick zu meinem Mann. Der setzt sich und bestellt in aller Ruhe beim Kellner unsere Getränke und Speisen, die alle im Eiltempo serviert wurden.

Als ich mich wieder beruhig habe, konnte ich ihn nur fragen, warum er mich nicht wenigstens gewarnt hat. Denn soviel Diplomatie auf einmal kann ich ohne Vorwarnung nicht so leicht verkraften.

Die Hand am Po

Wir gingen gemeinsam shoppen, unverständlicherweise an einem Samstag Nachmittag, Hektik, Menschenmassen und blank liegende Nerven. Ich werfe, oh Wunder, schon vor meinen Mann die Nerven weg und stelle mich abseits, als mein Mann die ca. 34. Digitalkamera von allen Seiten besichtigt. Ich halte das nicht mehr aus und schau zu, wie er fachmännisch die einzelnen Kameras im Schaufenster begutachtet. Ca. 2 Meter neben ihm steht ein Mann, der das gleiche Interesse hat, aber seinem etwa 7-jährigen Sohn geht es offenbar wie mir und er entfernt sich etwas vom Geschäft und schaut sich gelangweilt um. Dann geht er wieder Richtung Fotogeschäft und steuert auf meinen Mann zu. Die beiden Männer schauen von hinten ganz gleich aus. Klar, ich erkenne das Hinterteil meines Mannes aus hunderten raus, aber dem Siebenjährigen ist das nicht so geläufig. Er greift meinem Mann auf den Po, so nach dem Motto, komm Papa gehen wir weiter. Da dreht sich mein Mann um und natürlich glaubt er einen kleinen ausländischen Taschendieb vor sich zu haben, nimmt ihn zwischen den Armen, stemmt ihn hoch und schreit ihn an: „Was machst du da?" Inzwischen ist der Vater aufmerksam geworden und möchte meinem Mann an den Kragen. Ich hatte ja erste Reihe fußfrei und bin gleich hingestürmt und habe lautstark den beiden erklärt, dass der Bub offenbar die beiden Männerhintern verwechselt hat.

Die beiden Männer gingen auf ein Bier, der Bub bekam ein Eis und ich habe mir die neue Digitalkamera wirklich verdient.

Bombenalarm

Max hat einen tollen Auftrag von der Russischen Handelsvertretung erhalten. Er soll mit seiner Innenausstattungsfirma alle Räumlichkeiten neu tapezieren, Böden verlegen und teilweise auch Leitungen erneuern. Es ist Winter und ziemlich kalt in den schlecht beheizten Räumen und Max hat sich in einer silbernen Thermoskanne heißen Tee mitgebracht. Er möchte gerade mit dem Schubkarren aus dem Gebäude fahren und neues Material reinholen, als im einfällt, dass er die leere Thermosflasche gleich in sein Auto geben könnte. Beim Beladen des Schubkarrens stellt er die Thermosflasche inzwischen bei der Eingangstüre ab und geht zum Lagerplatz. Während er das Material zählt, umschlichtet und einlädt, sieht er drei Wagen mit Blaulicht auf das Gebäude zurasen. Eines davon ist der Entminungsdienst und es springen 2 Spezialisten aus dem Wagen und stürmen zur Thermoskanne von Max und halten irgendein Messgerät hin.

Nach dem ersten Schrecken geht Max in die Richtung seiner Kanne und möchte den Irrtum aufklären, er wird aber brutal von Polizisten zurückgestoßen und ermahnt, dass er sofort das Gelände verlassen soll, da Bombenalarm ausgerufen ist. Er dreht sich um und sieht, dass bereits die ganze Strasse abgesperrt ist und es begonnen wird, die umliegenden Geschäfte zu evakuieren.

Es dauerte eine Weile bis die Thermosflasche „entschärft" wurde, Max hat sich nicht getraut die Wahrheit einzugestehen und hat seine Trinkgewohnheiten am Arbeitsplatz auf Mineralwasser umgestellt.

Mein Held

Es ist eine verteufelte Zeit, überall wird eingebrochen, so leider auch immer wieder in die Autos auf dem Parkplatz unseres Tennisclubs. Eines abends kamen wir auf den Parkplatz und sahen ein uns nicht bekanntes Fahrzeug mit 2 Personen drinnen, die keine Anstalten machten auszusteigen. Da aber unsere Tennisstunde gleich anfing, machte ich einen kurzen Rundumblick in der Kantine, steuerte auf den größten und stärksten Mann zu und sagte: „Bitte geh auf den Parkplatz, dort steht ein verdächtiges Fahrzeug und schau mal, ob die was vor haben." Rudi geht in seiner ganzen Pracht mit forschem Schritt auf das Auto zu, reißt die Autotür auf und brüllt hinein: „Was machen sie da?"

Der eine Mann zieht seinen Ausweis hervor und gibt folgende Antwort: „Schleichens ihna, mir san de Kiberer und woarten auf de Gauna."

Irgendwie ist Rudi trotzdem für mich ein Held.

Festtagsgeläut

Hilde ist Fußpflegerin und hat in ihrem Geschäft vier Kabinen. In der einen saß Frau Konrad, die sehr schwerhörig ist und in der Nebenkabine Frau Schuster, die neben ihrer Verwirrtheit ein großes Problem mit ihrem Darm hatte und immer wieder lautstark vor sich hinpforzte.

Es war gerade 12 Uhr Mittag und die Glocken der Kirche läuteten ziemlich laut. Es war ein heißer Tag und die Geschäftstüre stand offen. Im selben Moment hatte Frau Schuster wieder ein paar Abschüsse bereit und Frau Konrad kommentierte wie folgt:

"Herrlich die Kirchenglocken und Böller schießen sie heute auch noch dazu."

Sparefroh

Leo ist ein Überdrübersupersparefroh, weniger fein gesagt, er ist ein Schnorrer und auf Firmenkosten ist ihm nichts zu teuer. Noch nie hat er privat jemand zu einem Getränk eingeladen, noch nie hat eine seiner Kolleginnen eine Blume oder Konfekt erhalten. Er stieg in der Karriereleiter hoch und höher, sein Verdienst wurde auch hoch und höher, sein Verhalten blieb aber gleich. Er fraß und saufte sich durch die Firmenspesenabrechnungen und sparte und sparte.

Eines Tages bei einer Abteilungsfeier im Schweizerhaus, der Marketingchef hat eingeladen, rief er den Bierrettich-Verkäufer zum Tisch und bestellte für alle 12 Personen eine Portion. Der Verkäufer verteilte in der Runde und nannte dann seinen Preis. Leo sagte großzügig, das schreiben sie auf der Rechnung dazu, doch der Verkäufer wollte Bares und das sofort. Der hilfesuchende Blick in die Runde und zu seinem Chef blieb ohne Erfolg. Alle in der Runde konnten sich ein Grinsen kaum verkneifen. So musste er schweren Herzens die Zeche bezahlen und der Chef sagte süffisant – danke Leo, das war wirklich nett diese Einladung. Damit war ihm auch der Weg über die Spesenabrechnung versperrt.

Jahre später wurde er auch noch mit der Geburt von Zwillingen bestraft – es gibt ja doch eine Gerechtigkeit.

Das Huhn und der Strohhut

Ich stehe im Supermarkt an der Kassa und schaue mir so die Leute vor mir an. Die Dame direkt vor mir hat einen Einkaufswagen vor sich stehen mit ein paar Kleinigkeiten drin. Aber das eigentlich auffällige an ihr war der Strohhut, der absolut nicht zum anderen Outfit passte. Als ich gerade zur Seite schaute, bemerkte ich im Augenwinkel, dass die Frau im Begriffe ist nach vorne zu kippen. Ich konnte aber nicht zugreifen, weil mein Einkaufswagen dazwischen stand. Sie fiel also kopfüber nach vorne, streifte den vor ihr stehenden Mann und lag am Boden. Der Strohhut flog davon und, wir trauten unseren Augen nicht, ein tiefgefrorenes ganzes Huhn kam zum Vorschein. Sie hat es geklaut und unter den Strohhut versteckt. Durch die Kälte am Kopf wurde ihr aber übel und der Diebstahl flog auf.

Drum klaue nur was weich und warm,
das schützt Dir Deinen Kopf und Darm.

Sauber, nett und ordentlich

Unser neuer Chef ist ein fescher, stets gut gekleideter Mann, der aber noch immer hochgradig nervös ist, wenn er bei unserem Generaldirektor antreten muss. Er achtet dann besonders auf gepflegtes Auftreten, 100% korrekte Unterlagen und absolute Pünktlichkeit. Er wuselt seit einer halben Stunde bei seiner Assistentin rund um den Schreibtisch und verlangt immer wieder Änderungen in seiner Präsentation. Eva ist schon ziemlich genervt und wird immer stiller, umso höher der Stresspegel des Chefs wird. Ich sitze gegenüber und kann in ihren Augen sehen, dass sie etwas vorhat, denn das miese Grinsen auf ihrem Gesicht verheißt nichts Gutes. Es ist 5 Minuten vor der Präsentation, es wird noch immer dort ein Punkt, dort ein Komma verändert und als unser Chef endlich die Präsentation in Händen hat und bei der Türe rausstürmen will, schlägt Eva zu und sagt: „Sie haben einen Fleck auf der Krawatte!"

Das war ein Dolchstoß allererster Sahne. Ich musste das Zimmer verlassen, denn ich wusste nicht wo ich hinlachen soll. Eva blieb cool und wandte sich ihrer Arbeit zu und der Chef erlitt einen Schweißausbruch, der sich gewaschen hat.

Wenn Chefs selbst Hand anlegen

Der schusselige Herr Prokurist Fuhrmann ist stolz auf seinen neuen Dienstwagen, ein BMW der höheren Klasse mit diversen Extras und absolut zugeschnitten auf die Sonderwünsche des neuen Besitzers. Das Auto ist superteuer, aber Superklasse. Da seine Assistentin auf Urlaub ist, hat er selbst sein Hotelzimmer mit einem im Nachhinein gesehen verteufelt dummen Fehler gebucht und macht sich auf direktem Weg in das Ortszentrum von Bratislava. Er fährt zum Haupteingang des Hotels und möchte sich anmelden. Da steht plötzlich ein sympathischer junger Mann in Uniform vor ihm und sagt: „Guten Tag, ich bin Hoteldiener im Hotel Slovakia, darf ich ihr Auto in die Garage fahren? Den Schlüssel gebe ich an der Rezeption ab." Herr Fuhrmann, wie immer, sehr in Eile, weil die Besprechung bereits in einer halben Stunde beginnt, übergibt den Schlüssel und geht zur Hotelrezeption.

Am nächsten Tag checkt Herr Friedmann nach dem Frühstück aus und verlangt seine Autoschlüssel. Der Portier fragt, wo dieser sein sollte. Herr Friedmann sagt, dass sein Auto gestern vom Hoteldiener in die Garage gefahren wurde und der Schlüssel hier an der Rezeption zur Abholung bereitliegen müsste.

Da sagt der Portier fünf magische Worte: „Wir haben gar keine Garage!"

Summ, summ, summ, Bienchen summ herum

Rudi hat drei wundervolle Kinder. Lieb und nett und meist auch brav. Die beiden Mädels und auch der kleine junge Mann sind allesamt wohlgeraten und bringen ihre Eltern nur bei einigen wenigen Gelegenheiten auf die Palme. Alle drei haben sich verschworen: WIR WOLLEN EINEN HUND! Es bleibt nicht nur bei der immer wiederkehrenden Forderung an die Eltern, nein, da werden Großeltern, Onkeln, Tanten auf die Eltern angesetzt, da werden Verschwörungen angestiftet, Eltern als Rabeneltern hingestellt, die alles verbieten, da werden Weinkrämpfe, hysterische Anfälle mit anschließendem Bodenwälzen veranstaltet, da wird sogar Essen verweigert, gedroht und geflucht.

Aber die drei haben die Rechnung ohne den klugen Papa gemacht. Der Zufall wollte es, dass im vergangenen Sommer jedes der Kinder von einer oder sogar mehreren Bienen gestochen wurde. Es war jedes Mal ein fürchterliches Drama und alle drei Kinder haben panische Angst vor Bienen.

Eines Tages wird nun wieder mal eine Revolution angezettelt. Es wird eh nur ein kleiner Hund gefordert und alle werden sich ganz sicher um ihn kümmern, das Futter wird vom Taschengeld bezahlt und, und, und, ……. Mama ist schon ganz fertig, denn die drei machen das strategisch wirklich gut. Genau dann, wenn man voll beschäftigt ist, keine Nerven hat und die Chancen gut stehen, dass man resignierend sagt: „Ja, wir kaufen einen Hund", nur damit endlich Ruhe ist.

Das Geschrei wird immer lauter, die Kinder werden handgreiflich und hängen sich an die Beine von Mama. Da greift Rudi ein und sagt: „Stopp, ihr habt es geschafft, ja wir kaufen einen Hund, aber wir möchten auch etwas haben."

„Was denn Papa?"

„Wenn Ihr einen Hund wollt, möchten Mama und ich eine Bienenzucht."

Die oben genannte Diskussion ist vor drei Jahren gewesen, die Familie hat bis heute keinen Hund und es wurde nie wieder darüber gesprochen!

Der pure Neid

Hr.Ing.S. ist ein angesehener Mann in unserer Firma. Er ist ein guter Freund meines Chefs und die beiden haben viele Bergtouren gemeinsam gemacht, doch bei der letzten Bergtour war die Familie S. ganz alleine. Das Schicksal schlug ganz fürchterlich zu. Herr S., seine Gattin und der Sohn stürzten auf der Rax in den Tod. Ihre kleine Tochter, die zu Hause geblieben ist, verlor mit einem Schlag ihre ganze Familie. Die Kollegen von Herrn S. waren tief betroffen und es wurde eine Geldsammelaktion ins Leben gerufen. Wir alle spendeten viel Geld, um der armen Kleinen eine gute Ausbildung zukommen zu lassen.

Und tatsächlich – aus dem kleinen armen Mädchen wurde eine erfolgreiche, tolle Frau. Wir kennen Sie aus der Ö3-Redaktion, Außenstelle Hollywood. Über ihre guten Beziehungen zu Antonio Banderas und George Clooney lesen wir immer wieder in den Zeitungen. Sie ist in ihrem Beruf absolut top, frei von Skandalen und man möchte sehr oft mir ihr tauschen.

In meinem Bekanntenkreis gibt es immer wieder die Aussagen: „Mit deinem Geld hat sie es so weit gebracht, dass SIE in der Villa von George Clooney übernachten darf und die tollsten

Männer trifft. Antonio Banderas ist noch dazu einer meiner Topfavoriten und SIE darf sich mit ihm treffen und ICH habe es ihr ermöglicht. SIE geht auf dem roten Teppich bei der Oscar-Verleihung, ICH habe dafür bezahlt!

Liebe Elisabeth, ich bin es dir echt neidig, aber freue mich, dass Du dein Leben trotz des schweren Schicksales so meisterst.

Autogrammjäger

Ich hasse Autogrammjäger. Es gibt für mich nichts Dümmlicheres als jemand um seine Unterschrift zu bitten. Ich will von jemand CDs kaufen, ich möchte jemand im Film, oder auf der Bühne sehen, oder ein tolles Fußball- oder Tennismatch im Fernsehen oder besser noch in Natura sehen, aber sich mit hysterischen Autogrammjägern zu drängeln und dem „Star" ein Stück Papier vor die Nase zu halten, ist mir einfach zu blöde.

Es war im Jahre 2003. Thomas Muster hatte seine erfolgreiche Profi-Tenniskarriere längst beendet und startete sein Comeback auf der Senior-Tours. Wir fuhren mit Freunden nach Graz, es war ein Jahrhundert-Sommer, 35 Grad im Schatten, wir genossen dennoch das tolle Spiel von Muster, der dem Franzosen Leconte keine Chance ließ. Begeistert und total verschwitzt gingen wir in der Pause in das neben dem Stadion aufgebaute Zelt und versorgten uns mit Essen und Trinken. In einer Ecke des Zeltes sah ich einen Menschenauflauf und da ich gerade in diese Richtung unterwegs war, näherte ich mich der Menschentraube. Ich war von der Hitze so geschwächt und wurde eigentlich willenlos von der nachdrängenden Menschenmasse weitergeschoben. In der rechten Hand hielt ich meine Eintrittskarte und plötzlich riss mir jemand die Karte aus der

Hand kritzelte etwas drauf und drückte sie mir wieder in die Hand. Es dauerte ein paar Sekunden bis ich die Lage erfasst habe. Thomas Muster stand direkt vor mir, lächelte kurz und wendete sich dann dem nächsten Autogrammjäger zu.

Er wird sicher gedacht haben, dass ich einer seiner größten Fans bin und deshalb vor Ehrfurcht erstarrt bin. Ich bin tatsächlich ein großer Fan und schätze über alle Maßen seine Leistungen, aber das wars auch schon.

Aber warum habe ich dennoch diese signierte Eintrittskarte in meinem Fotoalbum und zeige sie gerne stolz her?

Tobi braaaav!

Joschi ist begeisterter Hobbygärtner und genießt gemeinsam mit seiner Frau und dem Hund Tobi die schönen Tage im Kleingarten. Joschi ist nicht mehr der Jüngste und seine Gesundheit ist etwas angegriffen. Seine Frau hat ihm deshalb strikt verboten, alleine auf eine Leiter zu steigen.

Es ist ein herrlicher Frühlingstag, einige Arbeiten stehen natürlich ins Haus. Joschi geht schon sehr zeitig in der Früh mit Tobi in den Garten und kann sehr viel erledigen. Doch die Dachrinne müsste auch noch von Schmutz freigelegt werden und jetzt hätte er gerade so einen tollen Arbeitslauf. Er setzt sich natürlich über die strenge Bitte seiner Frau hinweg, holt die Holzleiter und steigt hinauf. Bereits nach einigen Sekunden gibt das morsche Ding nach und Joschi schlittert mit der Leiter zu Boden.

Zum Glück hat er sich nicht wehgetan, nur ein paar blaue Flecken werden am nächsten Tag wahrscheinlich sichtbar sein und so beschließt er die Leiter zu verstecken und seiner Frau nichts zu sagen.

Er hat aber die Rechnung ohne seinen Hund gemacht. Als Mittag Joschis Frau Hilde in den Garten kam, rannte Tobi wie von der Tarantel gestochen zur Eingangstüre und legte seinem Frauchen eine Sprosse der kaputten Leiter vor die Füße.

Bis dato haben wir nicht gewusst, dass es auch in der Tierwelt „Vernaderer" gibt.

1,50 Meter geballte Kraft

Frau Oberbuchhalterin Horak

ist eine hochqualifizierte Arbeitskraft, sehr genau, verlässlich und fordert dies natürlich auch von der ganzen Welt rund um sich. Beim kleinsten Vergehen, einer kleinen Unachtsamkeit, eine kleine Schlamperei, ein kleines Missgeschick und Frau Horak baut ihre 1,50 Meter Körpergröße auf ca. 2,20 Meter auf und walzt mit der Stimme eines Operntenors alles nieder, was gerade in der Nähe ist. Sie kennt da kein Hierarchiedenken und schreckt auch nicht davor zurück, ihren Chef zu beschimpfen, oder maßzuregeln, wenn er z.B. einen kleinen Buchungsfehler begangen hat. Man sieht ihr das deshalb nach, weil sie einfach top im Job ist und die Bilanzbuchhaltung und die in unserem Konzern komplizierte Bilanzerstellung im kleinen Finger hat. Es passieren ihr selbst natürlich niemals Fehler und bei der Reisespesenkontrolle ist es ihr ein großes Vergnügen den einzelnen Reisenden die Fehler unter die Nase zu reiben und ausländische oft merkwürdig aussehende Belege mit bissigen Kommentaren zurückzusenden.

Sie hat schon einige Kollegen und Vorgesetzte „überlebt" und eines Tages kommt auch für sie der Tag der Pensionierung.

Natürlich waren alle voll des Lobes und ihre etwas deftige Verhaltesweise wurde nur ganz kurz und ziemlich zurückhaltend angedeutet, aber es wäre nicht unser Chef, der immer geduldig im Hintergrund die Fäden zieht und dann zuschlägt. Er hat sich einen besonderen Leckerbissen für die Pensionierung von Frau Horak ausgedacht. Er zieht Bilanz über alle Stationen im Werdegang und dankt und wünscht, …….. und Frau Horak strahlt voll Stolz über das ganze Gesicht. Am Schluss dieser Rede sagt er: „Aber eines, liebe Fr.Horak, muß ich ihnen heute gestehen, sie haben niemals bemerkt, dass ich ihnen als Test einen ungarischen Strafzettel als Parkschein in die Spesenabrechnung geschummelt habe." Wir alle dachten, jetzt trifft sie gleich der Schlag. Ihre Gesichtszüge begannen sich zu einer bösen Fratze zu verziehen und wir wollten schon in Deckung gehen. Doch da, ich kann es gar nicht glauben, nach 20 Jahren, die ich meine Kollegin kenne, eine erste Gefühlsregung, sie zerdrückt ein Tränchen und zeigt ihre Größe, denn sie LÄCHELT!

Da ich von größeren Auftritten meiner Kollegin immer verschont blieb, habe ich sie in netter Erinnerung behalten.

Tschitti tschitti Bäng Bäng

Ein neues Auto steht ins Haus, mein erstes wirklich neues, kein jahrelang von anderen geschundenes Fahrzeug, sondern ein richtig neues, das nur mich als ersten Besitzer hat. Ich bin total aus dem Häuschen und unheimlich stolz, mir diese Investition endlich halbwegs leisten zu können. Ich trenne mich zwar sehr schwer von meinem alten grünen Golf, aber was sein muss, muss eben sein. Ich inseriere in der Zeitung und es melden sich einige Interessenten. Ich lasse nicht mit mir handeln und weise einige potentielle Käufer frech ab.

Eines Tages kommt ein Brüderpaar und zeigt großes Interesse an meinem 10 Jahre alten Golf. Bei der Nennung des Namens hört man ja meistens nicht sonderlich gut zu, ich meinte aber den Namen „Porsche" gehört zu haben. Wir machen sozusagen einen Vorab-Handschlag-Deal und die beiden jungen sympathischen Männer sagen sich für den nächsten Tag mit dem Geld an. Sie drücken mir beide eine Visitenkarte in die Hand, die ich aber ohne anzusehen in die Handtasche stecke. Abends nehme ich diese wieder zur Hand und bekomme große Augen: auf den Karten stehen tatsächlich die Namen Porsche und die angeblich in dieser Familie etwas ausgefallenen üblichen Doppelvornamen sind ebenfalls vorhanden. Am nächsten Tag stehen die beiden wie verabredet vor der Türe und ich kann es mir nicht verkneifen zu fragen, warum sie ausgerechnet meinen alten Golf kaufen möchten, wo sie doch wahrlich andere Möglichkeiten hätten.

Die beiden schauen mich treuherzig an und sagen nur ganz leise und schüchtern, dass sie eher aus dem verarmten Teil der großen Familie stammen.

Mein Herz ist zerschmolzen und hätte mich mein Mann nicht gekniffen, ich hätte den beiden meinen alten Wagen glatt geschenkt!

Manchmal hasst mich meine Doppelpartnerin

Silvia und Monika sind ein sehr gut eingespieltes Tennis-Doppel. Silvia ist körperlich topfit, hat gefährlich schnelle Bälle und macht ordentlich Druck mit ihren Schlägen. Monika ist nicht so fit, aber dafür hat sie ein gutes Tennishändchen und nervt die Gegner mit vielen Stopps und geschnittenen Bällen und den typisch klug gesetzten Ball, genau dorthin, wo niemand steht.

Die beiden spielen das Doppel ihres Lebens. Die Gegner sind alte Füchse mit unzähligen Meistertiteln ausgestattet und eigentlich unschlagbar. In der Tennishalle stehen viele Freunde von Silvia und Monika und geben tollen Rückhalt. Die beiden spielen wie vom anderen Stern, aber ehrlich gesagt, eigentlich trifft das nur auf Silvia zu. Sie erwischt jeden noch so schnell oder nach außen platzierten Ball des Gegners, drischt diesen mit enormen Tempo wieder retour, erläuft hohe Lobs und kurze Stopps und rennt sich die Seele aus dem Leib. Nach einem Ballwechsel, der an die zwanzig Mal hin und her ging und Silvia von einer Ecke in die andere düste, kam der Ball genau auf den Schläger von Monika zu, die am Netz stand und eigentlich nur bewunderte wie Silvia das alles meisterte. Sie setzte den Ball ganz ruhig und platziert in die Ecke, wo kein Mensch stand.

Silvia steht am Platz und ihr hängt die Zunge raus und ist total fertig, aber alle rufen „Bravo Monika!"

Das Leben ist manchmal wahrlich ungerecht!

Kummernummer

Es war noch das Zeitalter des Vierteltelefones, d.h. man musste die Telefonleitung mit drei anderen Teilnehmern teilen. Die Nummern waren zumeist sehr ähnlich, oft war nur die letzte Ziffer anders. So geschah eines Abends folgender Telefondialog:

Der große Unbekannte: „Hallo, mein Schatz!"

Monika: „Ja, hallo?"

D.g.U: „ Wie geht es dir?"

Monika: „Danke, gut, wer spricht eigentlich?"

D.g.U.; Weißt du das wirklich nicht?"

(Trottel, würde ich sonst fragen)

Monika: „Nein, sorry, weiß ich nicht!"

D.g.U.: „Spreche ich mit Monika?"

Monika: „Ja, schon."

D.g.U.: Kannst du nicht sprechen?"

Monika: „Doch, warum?"

(was tue ich die ganze Zeit mit dem Idioten)

D.g.U.: „Bist du nicht alleine?"

Monika: „Doch, aber wer will das wissen?"

(Nun glaubt der gute Mann offenbar an ein Rollenspiel zum anheizen der Stimmung)

D.g.U: „Hast du Lust?"

Monika: „Wozu?"

D.g.U: „Na, ich könnte heute vorbeikommen, ist dein Mann weg?"

(ahhh, jetzt fällt bei mir der Groschen)

Monika: „Guter Mann, sie haben sich die falsche Monika ausgesucht. Ihre Angebetete wohnt einen Stock höher, ihr Mann ist heute nicht da, soll ich ihr Kommen ankündigen, oder wählen sie nochmals?"

Meine Nachbarin war ab diesem Zeitpunkt außerordentlich freundlich zu mir und schwitzte jedes Mal Blut, wenn wir uns auf der Stiege begegneten, insbesondere, wenn ihr Mann dabei war.

Nächtliche Ruhestörung

Erika ist stinksauer. Sie hat sich neben ihrem schnarchenden Mann ins Bett gelegt und findet keine Ruhe. Den ganzen Tag mit dem Auto unterwegs, wollte sie die erste Nacht im Urlaubshotel genießen, doch zum ganzen Ärger wegen des Schnarchens kommt auch noch Musik, die einfach nicht leiser wird. Irgendjemand hört stundenlang Radio und es hilft kein Klopfen an die Wand oder ein Rufen um Stille aus dem Fenster. Sie beschwert sich beim Nachtportier, doch auch dieser ist zwar bemüht, aber kann in keinem Nebenzimmer etwas hören. Die Musik spielt und spielt und spielt ……..

Irgendwann schläft Erika erschöpft ein und als sie in der Früh aufwacht war das erste, was sie hört, wieder schwungvolle Radiomusik. Mit Blutdruck um die 200 springt sie aus dem Bett, da geht sie am Koffer vorbei und hört nun genau hin. Mit Entsetzen stellt sie fest, dass die Musik aus dem Seitenfach des Koffers kommt. Der Radio hatte sich offenbar durch eine Bewegung eingeschaltet und hat dafür gesorgt, dass die Nerven blank gelegen sind.

Der Feind in meinem Bett

Ich hatte ein grün orientiertes Elternhaus. Nicht politisch und auch nicht umwelttechnisch gesehen, sondern total fußballorientiert. Berufsbedingt kannte mein Vater sämtliche Spieler der 60-iger und 70-iger Jahre von Rapid Wien und ich wusste daher ebenfalls jede Kleinigkeit, die den Verein betraf. Ich war ein Insider erster Wahl und ein Superfan mit Herz und Seele dem Verein verfallen. Mein Kinder- und später mein Jugendzimmer war voll mit Rapid-Fotos, Wimpeln, Fahnen, persönlichen Widmungen, Büchern usw. Natürlich hat dies mit dem Erwachsenwerden etwas nachgelassen, aber mein Herz gehört nach wie vor grundsätzlich dem Fußball und vor allem Rapid.

Für meine Partnerwahl war es immer sehr wichtig, dass eine gewisse Sportbegeisterung von beiden Seiten gegeben war. Als ich meinen Mann kennenlernte war es natürlich toll, dass er erstens Tennis spielte so wie ich und ein begeisterter Fußballer war, der einerseits selbst spielte und auch sehr interessiert an verschiedenen Fußballbewerben bzw. Mannschaften war.

Wir gingen auf viele Matches, nationale und internationale. An jedem Urlaubsort versuchten wir auch ein interessantes Spiel zu besuchen und dieser Sport hat uns viele tolle Stunden bereitet und uns auch viele Stunden Analyse bereitet.

Ich weiß nicht, warum ich nach über 20 Jahren Ehe plötzlich die Frage aller Fragen stellte: „Was bist du eigentlich für ein Anhänger?"

„Austria natürlich!"

„Ist das dein Ernst?"

„Sorry, das war schon immer so!"

„Warum weiß ich das nicht?"

„Es war mein letztes Geheimnis!"

Wir gingen schlafen, ich konnte kein Auge zumachen, der Schock saß zu tief. Ich überlege ernsthaft fremdzugehen. Ich werde mit Golfen beginnen!

Eine haarige Angelegenheit

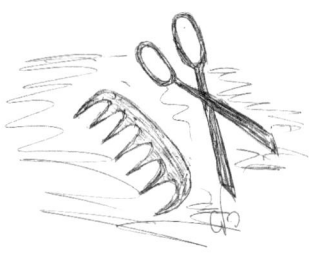

Gerhard ist ein sturer junger Mann, in der Blüte seiner Pubertät und voll rebellisch. Es gibt täglich Kämpfe mit den Eltern und ein ganz heikles Thema sind die schulterlangen Haare des Herrn Sohnes. Sein Vater hat aber keine Chance, Gerhard liebt seine Matte und pflegt sie auch noch liebevoll in stundenlangen Badezimmeraufenthalten. Seit ca. 2 Jahren ist er Lehrling in einem sehr renommierten Sportartikelgeschäft. Die Arbeit macht ihm Spaß und er ist auch sehr fleißig und sein Lehrherr ist arbeitstechnisch sehr zufrieden, aber hat dennoch auch schon mal den Wunsch nach einem eventuellen Haarschnitt an Gerhard gerichtet. Gerhard bleibt auch, trotz ehrlichem Respekt gegenüber seinem Lehrherrn, einfach stur.

Eines Tages betritt eine Dame das Sportgeschäft und Gerhard ist gerade mit dem Einschlichten von Waren in die Regale hinter dem Verkaufspult beschäftigt. Er sieht die Dame nicht, aber hört plötzlich: „Grüß Gott, Fräulein, könnten sie mir bitte helfen?"

Gerhard dreht sich um und stellt am Blick der Dame fest, dass sie IHN damit gemeint hat. Er ist fassungslos. Wie kann diese alte Kuh ihn für ein Fräulein halten. Er ist doch der Inbegriff der

Männlichkeit. Alle wahren Männer der Antike und alle wahren Helden der Neuzeit tragen lange Haare.

Doch nun muss er tun, was getan werden muss. Er fühlt sich total unverstanden und geht den Gang zum Friseur wie zu einer Hinrichtung. Die Schmach mit einem weiblichen Wesen verwechselt zu werden, war größer als die, als echter Mann zu wirken. Eltern, Freunde und Lehrherr waren überglücklich, als Gerhard mit einer flotten Kurzhaarfrisur nach Hause bzw. ins Geschäft kam.

Aber unlängst hat er gehört, dass richtige Männer saufen und rauchen ....

Patchwork-Family

Wir tragen heute meine Stiefgroßmutter zu Grabe. Sie hatte ein langes und erfülltes Leben und wir hatten sie alle sehr gerne. Darum ist wirklich die ganze Familie zusammengekommen. Bei der Größe dieser Familie kenne ich gar nicht alle Mitglieder und meine Stieftante Christl schnappt mich und stellt mich dem unbekannten Teil der Familie vor. Ich hatte übrigens auch meine Stieftochter Nicole mit ihrem Lebensgefährten und dessen Sohn aus erster Ehe mit dabei. Also los geht's!

Ich kenne bereits den Neffen meiner Stiefmutter und seine zweite Frau mit den Kindern aus ihrer ersten Ehe, aber ich wurde der ersten Frau mit den gemeinsamen Kindern vorgestellt. Anschließend lernte ich die ersten beiden Ehefrauen des Mannes meiner Stieftante kennen inklusive deren Kinder. Natürlich war auch der Exmann von Stieftante Christl anwesend. Meine zweite Stieftante Lisi kam mit ihrem neuen Lebensgefährten, aber auch der geschiedene Mann mit seiner Lebensgefährtin kam, um sich von Oma zu verabschieden.

Ich war verwundert und denke mir, dass mein Papa Glück hat, denn keiner der drei Ex-Männer meiner Stiefmutter Edith war anwesend.

Ich meinerseits stellte natürlich auch meine Stieftochter mit Familie immer vor und entschuldigte meinen (ersten und einzigen) Ehemann, der beruflich verhindert war.

Ich war schon schwindlig und brachte die ganzen aktuellen und geschiedenen Familien ziemlich durcheinander und ging mit meiner Stiefmutter Edith zum Familiengrab. Dort steht auf dem Grabstein der Name des Vaters von Edith und der Name „Johann Matzner". Ich fragte wer das denn sei. Sie sagte: „Das ist mein erster Mann."

Es hätte mich wahrlich gewundert, wenn nicht noch etwas gekommen wäre.

Erholung pur

Franz ist soeben 84 Jahre alt geworden. Er erfreut sich eigentlich bester Gesundheit, aber es wurde ihm ein künstliches Hüftgelenk eingesetzt und er muss daher eine vierwöchige Rehab in Bad Gastein antreten.

Seine Frau Jenny ist alles andere als ein angenehmer Gefährte, aber er hat sich daran gewöhnt mit einer Xantyppe verheiratet zu sein. Noch dazu, wo er ja jetzt auf sie angewiesen ist und jeder Handgriff und jeder Schritt für ihn beschwerlich ist. Seine Schwägerin Eva hat sich angeboten die beiden nach Bad Gastein zu fahren. Sie wusste schon vorher, dass dies eigentlich ein Fehler ist.

Also los! Es war ausgemacht um 10 Uhr ist Abholung, die beiden haben natürlich schon um 9 gewartet und waren ziemlich ungehalten, als Eva gemütlich um 10 Uhr vorfährt.

Die Autofahrt war weder vom schlechten Wetter, noch von einem Stau gestört, sondern nur vom Gequatsche von Jenny. Man hätte ja auch mit dem Zug fahren können, oder mit dem Bus, man hätte mehr warme Kleidung einpacken sollen, warum muss der Radio so laut spielen, haben wir den kleinen Wecker eingepackt, ………..

Endlich Ortseinfahrt, Franz war vor vielen Jahren bereits einmal hier auf Kur und er geleitet Eva genau zu dem Hotel. Die Koffer werden aus dem Auto gehoben, alle gehen zur Rezeption, doch dort hat niemand eine Reservierung auf den Namen von Franz und Jenny. Schwägerin Eva nimmt nun die Reservierungsbestätigung an sich und liest genau durch. Dort steht natürlich ein anderes Hotel und nach ein paar Entschuldigungsworten packt sie die beiden wieder ins Auto und fährt zum richtigen Hotel. Dort angekommen beziehen sie gleich nach der Anmeldung das Zimmer. Eva ist beim Auspacken behilflich und Jenny beschwert sich über das ständige Brummen im Zimmer und beschließt hier nicht zu bleiben. Man ruft die Hausdame und sie bietet ein anderes Zimmer an, weil möglicherweise die Heizung das Geräusch erzeugt. Im neuen Zimmer angekommen schreit Jenny total hysterisch, dass hier das Brummen genauso laut ist und wie man sich in so einem lauten Hotel erholen soll. Eva greift wieder zu den Koffern und da hört sie auf einmal ein Geräusch aus einem der Koffer. Sie schließt auf und siehe da, der Rasierapparat hat sich selbständig eingeschaltet und brummt munter vor sich hin.

Jenny kebbelte, Franz lachte, Eva zuckte leise aus und die Hausdame lächelte milde vor sich hin, obwohl sie wahrscheinlich am liebsten Jenny und Franz rechts und links eine runtergehaut hätte.

Wahrheit, oder Polizistenlatein

Meine Freundin Beate hat mir folgende Geschichte erzählt, die sich bei ihr in der Kleinstadt abgespielt hat:

Lois und Karl sind brave Arbeiter und gehen gerne nach der schweren Arbeit auf ein paar Bierchen ins Wirtshaus. Heute ist es wieder besonders gemütlich und erst zu später Stunde und mit leicht schwankendem Schritt gehen die beiden auf Karls Auto zu, steigen ein und fahren los.

Nach etwa 2 Straßenecken sieht Karl, soweit kann er noch sehen, dass sich langsam eine Funkstreife nähert. Er biegt sofort in die nächste Seitengasse ein und gibt Vollgas und fährt ein wirres Zick Zack in der Siedlung.

Die Funkstreife folgt den beiden und findet nach einer 10-minütigen Irrfahrt das Auto auf einem Feld stehen. Die beiden Sheriffs gehen hin und trauen ihren Augen nicht. Die Fahrertüre ist offen und auf der Rückbank sitzen Lois und Karl nebeneinander und schauen die beiden Polizisten mit den unschuldigsten Augen an, die sie nur machen können.

„Fahrzeugkontrolle! Wer ist der Lenker des Fahrzeuges?"

Karl fasst sich als erster und stammelt: „Herr Inspektor, der ist, ich glaubs selbst nicht, weggelaufen, gerade eben."

„Erzählen sie keine Märchen, wer von ihnen beiden ist gefahren?"

„Keiner von uns, Herr Inspektor, wir haben ja was getrunken und im Wirtshaus war ein junger Mann, der sich angeboten hat, uns heimzufahren, wir waren froh, dass der da war. Wahrscheinlich hat er auch etwas getrunken und hat es jetzt mit der Angst zu tun bekommen."

Nun starten die beiden Polizisten einen letzten Versuch, die beiden rumzukriegen: „Na gut ihr Schmähbrüder, fahrts heim und schlafts euren Rausch aus!"

Lois wieder halbwegs nüchtern sagt: „Aber Herr Inspektor, wir dürfen nicht fahren, wir haben zuviel getrunken, können Sie uns eventuell heimfahren?"

Die Polizisten sind stinksauer und müssen die beiden auch noch heimfahren. Die Rache der beiden wird irgendwann sicherlich fürchterlich sein.

Macho, Macho

Schauplatz Flughafen Wien Schwechat. Hektisches Treiben in der Abflughalle, hunderte Menschen, die im Begriff sind, ihren Urlaub, ihre Geschäftsreise, oder Sonstiges anzutreten. Mitten unter den vielen Reisenden sehen wir ein Paar mittleren Alters. Sie mit versteinertem Gesichtsausdruck, einen Arm in Gips und leicht hinkend, einen Rucksack am Rücken, die Handtasche um den Hals gehängt und je einen Koffer an jeder Hand nachziehend. Dahinter ihr Mann, lässig die Tickets in der Hand haltend. Er ist sportlich gekleidet und sieht blendend aus. Es ist für mich unglaublich wie er so arrogant hinter seiner armen Frau herstolziert. Er wird von mir insgeheim zum Macho des Jahres gekürt. Ich kann mich kaum zurückhalten, um nicht zu ihm hinzugehen und ihm zu sagen, welch fieser Typ er ist.

Wie das Leben so spielt, wir sitzen im selben Flieger, fahren im selben Zubringerbus und wohnen im selben Hotel und erfahren am nächsten Tag folgendes.

Frau Berger ist 5 Tage vor dem so lange ersehnten Urlaub im Stiegenhaus gestürzt und hat sich die Hand gebrochen und den Knöchel verstaucht. Herr Berger wollte ihr vom Boden aufhelfen und erlitt einen Bandscheibenvorfall. Er darf nichts tragen und die beiden Tickets waren die absolute Maximalbelastung.

Trotzdem bin ich felsenfest davon überzeugt, dass er diesen Bandscheibenvorfall irgendwie doch auf Kosten seiner Frau genossen hat.

Burgenländische Idylle

Wir verbringen einen herrlichen Kurzurlaub im schönen Illmitz. Das Wetter ist super und wir erkunden mit dem Fahrrad die Gegend. Die burgenländische Puszta, die herrliche Landschaft der Langen Lacke, die verträumten Dörfer, der schöne Neusiedlersee, das alles ist für mich ein Paradies zum Fotografieren.

Gerade heute ist ein besonderes Licht, eine ganz eigenartig schöne Sonnenstellung, ein paar verträumte Schäfchenwolken und da sehe ich auch schon das nahezu perfekte Fotomotiv. Auf einem uralten mit Schilf bedeckten Dach steht ein Storch auf seinem Nest. Er bewegt sich nicht, sondern steht nur majestätisch da. Ich nehme den Fotoapparat zur Hand, da sagt mein Mann ernüchternd: „Schau, der bewegt sich ja nicht, das ist eine Attrappe für uns blöde Touristen." Total enttäuscht gebe ich den Fotoapparat wieder in die Tasche zurück und radle weiter. Am Rückweg werfe ich wieder einen Blick auf das wunderschöne alte Haus und bin stocksauer und zische meinen Mann an: „Schau, deine Attrappe ist gerade weggeflogen!"

Bis heute hatte ich nie wieder die Gelegenheit, ein so schönes Storchenmotiv fotografieren zu können.

Männer …………

Naiv

Mein Mann fährt seit einem Monat ein neues Firmenauto. Nicht wirklich neu, aber fast. Der Vorbesitzer hat das Unternehmen verlassen, kurz nachdem er das neue Auto erhalten hat.

Es ist ein regnerischer Tag und wir wollen losfahren, aber die Schweinwerfer sind total verschmutzt. Mein Mann sieht in den Kofferraum und sucht nach einem Reinigungstuch. Ganz hinten liegt ein Plastiksackerl und beim Nachsehen findet mein Mann, welch Freude, einen ganzen Stoß Putztücher. Als er einen auseinanderfaltet fällt etwas zu Boden. Mein Mann und ich greifen gleichzeitig danach und unser Blick wird plötzlich starr. Es ist eine Packung Kondome, die wir beide gemeinsam in der Hand halten.

Meinen Mann hat gerettet, dass ich bei der Übernahme des Autos samt Plastiksackerl dabei war und ich den Vorbesitzer als Schwerenöter, Weiberhelden und notorischen Ehebrecher in Erinnerung habe.

Oder bin ich auch nur ein kleines, dummes Naivchen jenseits der 50?

Cabrio

Rudi ist voll entflammt. Im Volksgarten-Tanzlokal hat er die fesche Traude kennen gelernt und so wie der Abend verläuft, ist sie mindestens zu soviel bereit, wie Rudi sich das vorstellt.

Man tanzt, turtelt und Rudi lädt zu Sekt ein und man kommt sich immer näher. Rudi wagt die Frage, ob man sich vielleicht nach Hause begeben und den netten Abend in bequemer Atmosphäre ausklingen lassen könnte.

Traude ist ebenso aufgeheizt und würde in diesem Moment alles tun und bietet an, zu ihr zu fahren. Sie steigt zu Rudi ins tolle neue Cabrio und bei jeder Kreuzung mit einer roten Ampel wurde ein so heftiges Vorspiel zelebriert, dass die Ampel vor Scham am liebsten auf rot geblieben wäre. Zu Hause am Parkplatz angekommen sind Rudi und Traude bereits so kopflos, das er ihr wie ferngesteuert in die Wohnung folgt.

Nach einer durchaus erfolgreichen und turbulenten Nacht wird Rudi in der Früh munter und riskiert ein Auge aus dem Fenster. Es regnet wie in Strömen und es ist Sonntag. Die beiden beschließen daher, einen gemütlichen Tag im Bett zu verbringen.

Erst am späteren Nachmittag verlässt Rudi glücklich und wohlig müde die Wohnung von Traude und geht pfeifend zu seinem Cabrio. Am Weg dorthin rutscht allmählich das männliche Gehirn wieder dorthin, wohin es hingehört und langsam dämmert es ihm:

Regen, Cabrio, Dach offen, Scheiße...........

Zu Rudis Glück ist nicht allzu viel passiert, nur die Fensterheber mussten repariert werden und er ist wochenlang mit Handtüchern auf den Sitzen gefahren. Der Schaden kostete 180 Euro. Seine Kollegen haben vorgeschlagen, das nächste Mal in ein Bordell mit Parkgarage zu gehen, das ist insgesamt gesehen billiger.

Die Ahnfrau von Rannersdorf

Anni und ihr Mann Hans schlafen friedlich in ihrem Schlafzimmer, als Anni plötzlich durch ein Geräusch aufwacht. Sie weckt Hans und bittet ihn nachzusehen. Der geht aber zuerst gemütlich auf die Toilette, denn bei Hausdurchsuchungen sollte man ja entspannt sein. In der Zwischenzeit wird das Geräusch aber lauter und Anni nimmt die Sache selbst in die Hand. Sie geht in das Zimmer, aus dem das Geräusch kommt und schaltet das Licht ein. In diesem Moment sieht sie, wie ein Einbrecher versucht durch das gekippte Fenster einzusteigen. Die wütende und keineswegs verschreckte Anni veranlasst den Gauner den Rückzug anzutreten und in das vor dem Haus parkende Auto zu springen und loszufahren. Anni stürmt aus dem Haus, schnappt sich das neben der Türe stehende Fahrrad und folgt dem Auto.

Eine kleine Anmerkung wäre hier unbedingt wichtig: Anni hat rote Haare, ist ungeschminkt und mitten in der Nacht mit einem wallenden weißen Nachthemd mit einem Fahrrad auf der Hauptstraße unterwegs.

Der Einbrecher gab Vollgas, die Angst, dass ihn diese Furie einholt, ließ ihn in Panik verfallen.

Leider war Anni zu langsam und gab nach einigen Minuten auf. Als sie ins Haus zurückkehrte, lag Hans bereits wieder friedlich schlafend im Ehebett.

Nie wieder Donauinselfest

Unsere Tochter ist zarte 14 Jahre alt, ein hübsches Mädchen, schlank, aber trotzdem kein Leichtgewicht. Papa wird seit Wochen bearbeitet, mit ihr auf das Donauinselfest zu gehen, denn die Backstreet Boys, eine supertolle neue Boyband, hat ihr Kommen angesagt. Papa hasst Menschenmassen, Papa hasst Boybands und Papa hasst das Donauinselfest grundsätzlich. Aber was kann ein Mann seiner Tochter abschlagen, eigentlich fast nichts! Schon vor Beginn völlig fertig und die Tochter fest an der Hand haltend schieben sich die beiden durch die grölenden Menschenmassen in Richtung Bühne. Das Konzert beginnt und mit dem ersten Ton beginnt ein Gekreische von hunderten Teenagern, die zusätzlich unaufhaltsam drängen, klatschen, in Ohnmacht fallen und singen. Aber es soll noch besser kommen. Frau Tochter setzt ihren zärtlichsten Papilein-Blick auf und bittet, dass er sie auf die Schulter nimmt, damit sie die Boys besser betrachten kann. So steht mein armer Mann mitten unter kreischenden Gören, eine Tochter, die nicht gerade leicht ist, auf der schmerzenden Schulter sitzend und als Steigerung fliegen ihm auch noch ständig Teddybären um die Ohren, die die verzückten Mädchen auf die Backstreet Boys werfen.

Ob der Bandscheibenvorfall, den er Jahre später erlitten hat, in den Backstreet Boys seinen Ursprung hat, wissen wir nicht, ob die Leidenschaft Bären zu sammeln aus diesem Abend hervorgeht wissen wir auch nicht, aber dass er seit diesem Konzert im Jahre 1996 niemals wieder auf dem Donauinselfest war, das wissen wir warum.

Drei Chinesen und ein Kontrabass

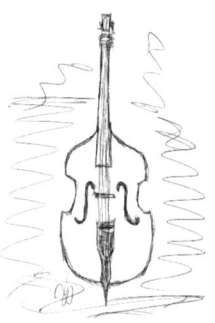

Ein von oberster Stelle eingeschleuster neuer Lieferant wollte mit unserer Firma ins Geschäft kommen und mein Mann erhielt den Auftrag, die Kontakte zu vertiefen und den Lieferanten auf Herz und Nieren zu prüfen.

So erhielten wir schon sehr bald eine private Einladung in dessen Innenstadt-Dachterrassenwohnung. Eingeladen waren unter anderem eine bekannte Konzertpianistin, der anerkannteste und berühmteste chinesische TCM-Arzt Österreichs, der Generaldirektor einer großen Versicherung, ein sehr bekannter Maler und wir zwei Wappler.

Dementsprechend wohl haben wir uns gefühlt, aber grundsätzlich waren alle sehr nett und umgänglich. Der Hausherr hat selbst gekocht und wir lobten alle seine Kochkünste. An das damalige Krautfleisch denke ich heute noch mit Abscheu, aber das nur nebenbei gesagt.

Irgendwie kam die Sprache auf klassische Musik und ein ganz „wichtiger" Gast in der Runde verblüffte plötzlich mit der Frage: „Wie schwer ist eigentlich ein Kontrabass?"

Großes Schweigen, etwas Gemurmel und dann mein großer Auftritt. „Ein Kontrabass hat ca.10 kg!" Keine Ahnung woher mir das zugeflogen ist. Die Konzertpianistin hat sich als erstes gefangen und stimmte mir voll zu. Woher ich denn das so genau weiß, wollte sie wissen. Ich erzählte, mein Vater ist auch Musiker und ich versuchte die Kurve zu kratzen, indem ich sie über ihre Klavierkunst genauer befragte.

Ich erzählte nicht, dass mein Vater Heurigenmusiker ist und seine größten Erfolge mit Parodien, teils sogar mit etwas deftigen Texten und Witzen feiert und mit klassischer Musik genauso wie ich einfach gar nichts anfangen kann.

Der Abend war ein voller Erfolgt, wir waren total anerkannt, wir haben viele Kontakte geknüpft und sehr nette persönliche Bekanntschaften gemacht, die wir auch heute noch pflegen. Nur aus dem ursprünglich geplanten großen Geschäft ist aus unergründlichen Gründen nichts geworden.

Appetitspatzi

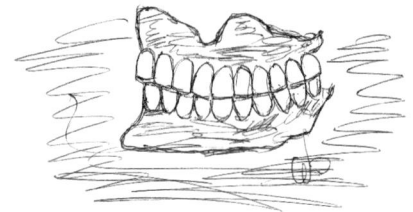

Helmut und seine Kollegen gehen zum Heurigen. Es ist ein ziemlich feuchtfröhlicher Abend. Peter ist der einzig nüchterne und fährt seine völlig besoffenen Kollegen nach Hause. Auf halber Strecke kommt das was kommen muss, einem Kollegen Herrn Kindl wird schlecht und er kommt Gott sei Dank rechtzeitig aus dem Auto, um sich zu übergeben.

Alle sind froh, als sie bei der Wohnung von Hrn.Kindl ankommen und er aus dem Auto torkelt. Aber so betrunken kann er gar nicht sein, dass nicht sein Ordnungssinn durchkommt. Er bemerkt plötzlich, dass er sein Gebiss nicht mehr hat und er spricht die furchtbare Vermutung aus, es beim Reihern ausgespuckt zu haben.

Alle sind voll begeistert, denn nun heißt es zurückfahren und in der Finsternis nach dem Gebiss zu suchen. Mit Taschenlampe, zugezwickter Nase und Taschentüchern wird man fündig und verflucht Kollege Kindl zum wiederholten Male.

Cold in the City

Es ist erstmals in diesem Winter wirklich kalt in der Stadt. Bitterkalt. Ich nehme die schöne, neue, dicke braune Winterjacke und gehe einkaufen. Sie ist genau nach meinem Geschmack, ein sanftes hellbraunes Wildleder und ein wunderschöner Pelzkragen und eine Kapuze. Der Gürtel macht das ganze noch ein wenig schnittiger und die Jackenlänge ist so gewählt, dass man mindestens 5 Kilo leichter aussieht.

Ich trage die Jacke nun schon ein paar Tage, aber leider bemerke ich   einen kleinen Fleck, den ich lieber einer fachgerechten Reinigung in der Putzerei anvertrauen möchte und hänge die Jacke einstweilen im Vorzimmer auf den Haken.

Da die Kälte leider immer noch anhält, suche ich meine Mantel- und Jackenbestände im Vorzimmerkasten ab. Es kommt ein schwarzer etwas biederer Mantel zum Vorschein, eine voluminöse rote Daunenjacke, eine schwarze kurze Kunstfelljacke (für etwas schmälere Hüften als meine geeignet) und ganz hinten im Kasten hängt noch etwas in einem weißen Kleidersack. Ich öffne den Kleidersack und mich trifft fast der Schlag.

Es ist dieselbe braune Wildlederjacke, die gerade unmittelbar daneben am Haken hängt. Der einzige Unterschied ist, das die soeben „gefundene" Jacke noch ein Preisschild trägt und zwei Nummern kleiner ist.

Jetzt fällt mir auch wieder ein, warum sie so weit hinten hängt

Der Neusser-Picasso

Jetzt sagt mal ehrlich, ob ein wirklich sehr großer Unterschied zwischen den beiden Bildern besteht (außer natürlich beim Preis).

PABLO PICASSOS „Die große Schnee-Eule", Original-Zeichnung mit Foto-Collage: für 1,7 Mio. Euro bei Westlicht.

MONIKA NEUSSER „ Die kleine Schnee-Eule", Orginal-Zeichnung mit Fotocollage: für Euro 1,70 in Gallerie Neusser

Epilog

Damit auch das nächste Buch zum Lachen anregt, erzählt oder schreibt mir eure Erlebnisse, ich verspreche dass ich sie mit veränderten Namen und kleinen schriftstellerischen Feinheiten gespickt „fast wahrheitsgetreu" niederschreibe.

Wenn euch mein Buch gefallen hat, empfehlt mich euren Freunden, wenn nicht, dann euren Feinden!

Ich möchte auch an mein erstes Buch „Hot in the City" erinnern. Vielleicht ist es gemeinsam mit diesem Buch ein nettes Mitbringsel bzw. Geschenk für liebe Mitmenschen.